AF509853

BIBLIOTHÈQUE SPÉCIALE DE LA SOCIÉTÉ

DES

UTEURS ET COMPOSITEURS DRAMATIQUES

Agent général : LOUIS LACOUR

NICAISE

PAYSANNERIE EN UN ACTE

D'APRÈS LE CONTE DE LA FONTAINE

· PAR

ÉMILE ABRAHAM

AIRS NOUVEAUX DE M. BERNARDIN

PARIS

LIBRAIRIE DRAMATIQUE

10, RUE DE LA BOURSE, 10

1867

NICAISE

PAYSANNERIE EN UN ACTE

D'APRÈS LE CONTE DE LA FONTAINE

PAR

ÉMILE ABRAHAM

AIRS NOUVEAUX DE M. BERNARDIN

REPRÉSENTÉE

Pour la première fois, à Paris, sur le Théâtre des BOUFFES-PARISIENS
le 18 janvier 1867

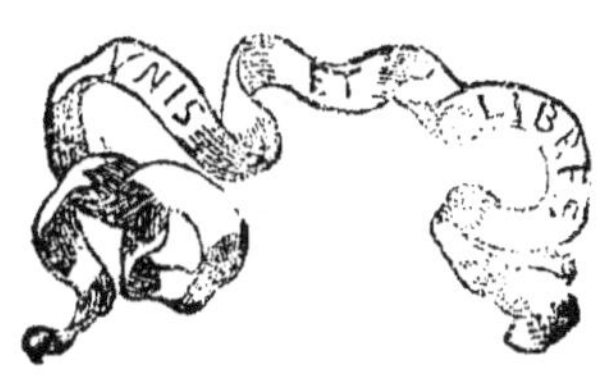

PARIS

LIBRAIRIE DRAMATIQUE

10, RUE DE LA BOURSE, 10

—

1867

PERSONNAGES

—

HECTOR.................................. MM. E. Garnier.

NICAISE................................. Jannin.

MARIANNE............................... Mme Collas.

La scène se passe en 17...

Nota. Toutes les indications sont prises de la salle. Les acteurs sont placés suivant l'ordre indiqué en tête de chaque scène : les changements de position sont marqués au bas de chaque page.

Pour les détails de la mise en scène, s'adresser à M. Desmonts, Régisseur-général des *Bouffes-Parisiens*, et pour la musique, au bureau de copie du même théâtre.

BIBLIOTHÈQUE SPÉCIALE

DE LA

SOCIÉTÉ DES AUTEURS ET COMPOSITEURS DRAMATIQUES

AGENT GÉNÉRAL : LOUIS LACOUR

Paris. — Typ. Morris et Comp., rue Amelot, 64.

NICAISE

Le théâtre représente une place publique dans un village. — A droite, une boutique avec cette enseigne : *Marchand drapier*. — A gauche, une butte de gazon qui se perd dans la coulisse et qui est entourée de feuillages.

—

SCÈNE PREMIÈRE

HECTOR, *venant de la gauche, deuxième plan.*

Air *de la Servante à Nicolas.*

J'aime à la folie
Fillette accomplie
Et sage et jolie...
J'en serai l'époux !
Mais, voyez ma peine,
Mon âme incertaine
D'un grand trouble est pleine.
Voyez donc ma peine : }
   Je suis jaloux ! } *(bis.)*
Ah ! je veux sans cesse
Faire son bonheur, *(bis.)*
Et par une tendresse }
   Captiver son cœur. } *(ter.)*

Ah ! la voici ! Est-elle mignonne !... Est-elle avenante !.....

SCÈNE II

HECTOR, MARIANNE.

MARIANNE, *sortant de chez son père, à droite, premier plan.*
Il n'est pas au logis.

HECTOR.
Que cherchez-vous, Marianne ?

MARIANNE, *avec indifférence.*

C'est vous, Hector.

HECTOR.

Est-ce moi que vous cherchez?

MARIANNE.

Non, je regardais si Nicaise était là.

HECTOR.

Nicaise! Toujours Nicaise!

MARIANNE.

Il sera, bien sûr, allé à la ville, à la halle aux draps.

HECTOR.

Est-ce pour me rendre le cœur gros, Marianne, que vous vous occupez toujours de Nicaise?

MARIANNE.

Moi? Point du tout. Pourquoi voulez-vous que je vous cause du chagrin?

HECTOR.

Mais en faisant mine d'aimer Nicaise!... vous savez bien que cela me fait concevoir de la jalousie... car vous serez ma femme tantôt.

MARIANNE.

Oui, il paraît que c'est aujourd'hui qu'on me mène au mortier.

HECTOR.

Cela vous cause-t-il de la répugnance?

MARIANNE.

A moi? Pas du tout!

HECTOR.

Ma chère Marianne, cela vous réjouit-il?

MARIANNE.

Moi? Pas du tout!

HECTOR.

Petite futée! C'est toujours pour me tourmenter... une fille ne se laisse pas marier de force. D'ailleurs, vous m'aimerez, Marianne, je vous en réponds. J'ai pour vous une très-grande tendresse, et il vous sera impossible de ne pas me payer d'un peu de retour. C'est fort heureux pour vous qu'on ne vous ait pas donnée à Nicaise, comme on le pensait dans le pays.

MARIANNE.

Pourquoi, je vous prie?

HECTOR.

Nicaise, voyez-vous, est un excellent commis drapier; il
sait très-bien ce qu'une étoffe vaut l'aune, mais il n'a pas encore deviné que si le bon Dieu a créé deux sexes, c'est pour
qu'ils aient de l'amour l'un pour l'autre.

AIR : Regardez, Arthur.

I

HECTOR.

On ne trouvera pour la draperie,
Dans tout le pays, son pareil jamais ;
Mais, croyez-moi bien : en galanterie,
Nicaise est un sot, un sot, un niais.
Ce regard si doux, ce divin corsage
Ont-ils su, mamzelle, attirer ses yeux?

MARIANNE, passant à gauche, à part.*

C'est vrai, mais pourquoi faut-il que j'enrage?
Ah! combien je voudrais qu'il fût amoureux!

II

HECTOR.

Vous a-t-il parfois, dites-le, mamzelle,
Vous a-t-il parfois, fait un brin de cour?
Et l'occasion pourtant était belle,
Nicaise pouvant vous voir chaque jour.
On dit que jamais, jamais ce sauvage
Sur aucune fille a levé les yeux...

MARIANNE, à part.

C'est vrai; mais pourquoi faut-il que j'enrage ?
Ah! combien je voudrais qu'il fût amoureux!

HECTOR.

Marianne, vous allez être ma femme, répondez-moi avec
sincérité : cela vous cause-t-il de la répugnance?

MARIANNE.

A moi? Point du tout!

* Marianne, Hector.

HECTOR.

Mais... répondez-moi franchement, je vous en prie, cela
vous réjouit-il?

MARIANNE.

Moi? Pas du tout!

HECTOR.

Ah! vous êtes... (*Il comprime un élan de colère.*) Je vais
chez votre père. (*Il va pour parler durement à Marianne, mais
s'arrête, et sort en disant :*) Ah! ce Nicaise! Ce Nicaise! (*Il
entre dans la maison de droite.*)

SCÈNE III

MARIANNE.

C'est bien vrai ce qu'il m'a dit de Nicaise... Pourtant je ne
suis pas déplaisante : ma figure est gentille, je suis bien
prise de ma personne... tous les garçons m'en ont conté... et
des plus hupés... Hector, qui est éduqué et dont le père a des
écus, Hector me trouve tout à fait à son goût, et il me veut
en mariage malgré mon peu d'ardeur pour lui... et Nicaise,
Nicaise, seul... Mais d'où vient que son indifférence me cause
de l'ennui, et que devant lui, je sens là quelque chose qui bat
bien fort? Je le vois tous les jours depuis longtemps, jamais
il ne m'a fait la cour, et moi, j'ai du plaisir à attacher mes
yeux aux siens; il me semble que si je pouvais lui être
agréable, je le ferais tout de suite... que je ne pourrais rien
lui refuser... Quest-ce que cela veut dire? J'en parlerai à
Hector quand il sera mon mari.

PREMIER COUPLET.

Air de Nargeot.

D'un beau gars je suis éprise,
Mais je vois à sa froideur
Que j'ai fait une sottise;
Il repousse mon ardeur!
Je voudrais être sa femme,
Je le voudrais, mais, hélas!
Je ne puis toucher son âme! (*bis.*)
Nicaise ne m'aime pas.

II

D'un beau gars je suis aimée,
Mais il voit à ma froideur
Que je ne suis pas charmée
Par ses serments, son ardeur.
Tantôt je serai sa femme,
Et serais heureuse, hélas!
S'il avait touché mon âme... (*bis.*)
Hector, je ne t'aime pas!

SCÈNE IV

NICAISE, MARIANNE. (*Nicaise, venant de la droite, deuxième plan, un crayon et du papier à la main, fait des calculs; il ne voit pas Marianne.*) *

MARIANNE.

Il ne me voit pas... comme il est réfléchi!... Ce n'est pas un garçon comme les autres; il est bien plus sérieux... sa figure n'exprime pas beaucoup, mais je voudrais la voir s'animer.

NICAISE.

Le marché a été très-bon.

MARIANNE.

Bonjour, Nicaise.

NICAISE.

Il y avait beaucoup de monde.

MARIANNE.

Bonjour, Nicaise.

NICAISE, *levant les yeux et voyant Marianne.*

J'ai acheté pour votre père de belles pièces de drap qui feront des habits pour la ville, à raison de septante livres avec le justaucorps.

MARIANNE.

C'est aujourd'hui qu'on me marie, Nicaise.

NICAISE.

Est-ce qu'il faudra fermer la boutique?

* Nicaise, Marianne.

MARIANNE.

A moins que vous ne vouliez pas venir avec nous chez le bailli et chez le curé !

NICAISE.

Ça m'est égal !

MARIANNE.

Ah !...

NICAISE.

Mais si on venait pour acheter des étoffes?...

MARIANNE.

Dites donc, Nicaise, savez-vous ce qu'on m'a dit de vous, tout à l'heure, à ce même endroit?

NICAISE.

Si on prétendait que je ne suis pas le meilleur commis drapier du pays, on mentait, voyez-vous. Je n'ai jamais fait perdre un liard à monsieur Mulot, votre papa.

MARIANNE.

Ah ! on sait bien que vous êtes tout au négoce... Eh bien ! tenez, c'est précisément la chose qui faisait qu'on causait de vous. On s'étonnait, comme ça, que vous ayez pu rester si longtemps chez un patron qui a une fille jeune et agréable, sans tant seulement lever les yeux sur elle... Ce n'est pas moi qui parlais...

NICAISE.

Parbleu ! vous n'auriez pas été étonnée de si peu... Vous savez bien, vous, que monsieur Mulot m'a pris chez lui pour acheter et vendre du drap ; voilà tout.

MARIANNE, *avec une approbation affectée.*

C'est juste ! (*Nicaise se remet à ses calculs.*) On disait aussi que... que jamais vous n'en avez conté à une fille... mais, bien sûr, c'est mensonge.

NICAISE.

Mensonge ! mensonge ! Pourquoi mensonge?

MARIANNE.

Ah ! (*Nicaise se remet à ses calculs.*) Savez-vous que mon père a été commis-drapier, comme vous, avant d'avoir un magasin à son compte?

NICAISE.

Oui, mademoiselle Marianne, chez monsieur Alain.

MARIANNE.

Précisément, et... il a épousé... la propre fille de monsieur Alain.

NICAISE.[*]

Oui, je sais ça. (*Il regarde des morceaux de drap qu'il sort de sa poche.*)

MARIANNE.

Vous voyez bien qu'on peut veiller au commerce et songer au mariage. (*Appelant Nicaise qui va pour sortir.*) Nicaise!

NICAISE, *se retournant avec indifférence.*

Vous m'appelez?

MARIANNE.

Voyons, Nicaise, pourquoi avez-vous de la haine pour moi?

NICAISE.

De la haine? Je n'ai pas de haine, moi.

MARIANNE.

Savez-vous que tous les garçons du pays ont tourné autour de moi, surtout Mathurin, Blaise et Colas? Hector, qui va m'épouser, aurait pu avoir en parti une demoiselle bien cossue; mais comme il en tient pour moi, il a voulu que je devinsse sa femme; d'où vient que vous seul avez du dédain pour moi?

NICAISE.

Du dédain? Je n'ai pas de dédain, moi!

MARIANNE.

Savez-vous que mon père tient à vous?

NICAISE.

Parce que je connais beaucoup la marchandise... C'est qu'il ne faut pas me donner de l'Elbeuf pour du Sedan, à moi!...

MARIANNE.

Il tient tellement à vous, papa, qu'il n'aurait pu vous rien refuser...

NICAISE.

C'est que, voyez-vous, quand j'estime un drap trois livres six sous, il ne vaut pas trois livres sept sous.

[*] Marianne, Nicaise.

MARIANNE.

C'est vrai.

NICAISE.

Tenez, votre corsage... Eh bien ! votre corsage, c'est en velours à deux pistoles l'aune.

MARIANNE.

C'est vrai... c'est vrai... Mais... dites-moi, Nicaise, est-ce que... vous aimez Jeanne Piton ?

NICAISE.

Jeanne Piton ?... Point.

MARIANNE.

Thérèse Bellepêche ?

NICAISE.

Thérèse Bellepêche ? Nenni.

MARIANNE.

Qui donc ?

NICAISE.

Aucune.

MARIANNE.

Est-ce que vous ne vous marierez point ?... Il paraît que c'est très-agréable le mariage... Ainsi, Hector est très-content... Ce soir je serai sa femme... Il va m'emmener, et dame ! il sera le maître... je lui appartiendrai tout entière... S'il me commande ceci, je ferai ceci ; s'il me commande cela, je ferai cela... Il y a des garçons qui m'ont dit comme ça, en manière de flatterie, qu'Hector avait bien de la chance.

NICAISE.

Je crois bien qu'il a de la chance !

MARIANNE, *avec joie*.

Vous trouvez ?

NICAISE.

Parbleu ! je lui ai vendu du drap comme il n'en trouvera nulle part.

MARIANNE, *à part*.

C'est pas un homme ! (*Elle sort par le deuxième plan gauche.*

SCÈNE V

NICAISE.

Elle est bête, la fille du patron... je suis sûr qu'elle ne sait
pas seulement distinguer le drap d'avec le casimir. C'est fri-
vole. Mais à quoi donc peut penser une jeunesse qui ne s'oc-
cupe pas du magasin de son père?... Enfin... allons couper
des échantillons. (*Il va pour entrer chez Mulot; Hector en
sort.*)

SCÈNE VI

NICAISE, HECTOR.

Ah! c'est toi... Nous avons à causer.

NICAISE.

Voulez-vous une belle étoffe tout en laine, pas un pouce
de coton?

HECTOR.

Il est bien question de cela!

NICAISE.

Je puis vous vendre pour septante livres de quoi faire un
bel habit pour la ville, avec le justaucorps pareil.

HECTOR.

Tu en contes à Marianne, toi?

NICAISE.

Hein?

HECTOR.

Tu en contes à Marianne, que je te dis... Marianne va être
ma femme en dépit de toi... mais si tu t'avises de lui parler...
seulement de la regarder avec tes grands yeux bêtes et avec
tes airs penchés, je te réponds que tu ne recommence-
ras point.

NICAISE.

Qu'est-ce que vous me voulez, vous aussi?... C'est vrai,
ça... tantôt c'était Marianne qui s'étonnait que je ne lui fisse
point la cour... maintenant c'est vous qui prétendez que je

la reluque... Mais je ne suis point chez le père Mulot
pour autre chose que pour acheter et débiter des pièces
d'étoffe.

HECTOR.

Tu veux me donner le change ; mais je te le répète :
quand Marianne sera ma femme, ne t'avise point de lui
rien dire.

NICAISE.

Mais qu'est-ce que je pourrais donc lui dire quand elle
sera votre femme?

HECTOR.

Tu me comprends, suffit.

NICAISE.

Mais c'est que je ne comprends point, au contraire. *

HECTOR.

Tu voudrais lui répéter, comme tu le fais toujours, sans
doute, qu'elle est jolie.

NICAISE.

Moi?... (*A part.*) C'est vrai qu'elle est jolie...

HECTOR.

Que sa main est petite.

NICAISE, *à part.*

C'est vrai, ça, que sa main est petite.

HECTOR.

Que ses yeux sont les plus beaux du monde.

NICAISE, *à part.*

C'est vrai que ses yeux sont les plus beaux du monde.

HECTOR.

Que toute sa personne donne de l'amour.

NICAISE, *à part.*

Quoi que j'éprouve donc ?

HECTOR.

Qu'on serait heureux de vivre avec elle et pour elle.

NICAISE, *à part.*

J'ai comme du vague dans la tête.

* Hector, Nicaise.

HECTOR.

Mais tu sais, ne lui dis mot, ou sinon...

NICAISE.

Ou sinon ?

HECTOR.

Prends garde à toi.

NICAISE.

Mais je n'ai pas à avoir peur.

Air : *Finale de l'Homme entre deux âges.*

HECTOR.

Ta fausseté m'exaspère,
   Prends garde à ma colère. (*bis.*)

NICAISE.

Mais pourquoi donc ce courroux ? (*bis.*)
   Calmez-vous,
   Je vous conjure.

HECTOR.

Mais de moi tu te ris, je croi.
Ne te moque donc pas de moi,
Ou je vais te donner, je jure...

NICAISE, *l'interrompant et passant à gauche.*[*]

Pas tant de vivacité,
Car se faire tant de bile,
Vraiment ce n'est pas habile,
C'est mauvais pour la santé.
Vous me croyez malhonnête...

      (*Avec intention.*)

Et je ne suis que bête !...

HECTOR.

Grand sournois, suborneur.

NICAISE.

Mais, Dieu, quelle fureur !

* Nicaise, Hector.

SCÈNE VII

Les Mêmes, MARIANNE, *venant de la gauche.* *

MARIANNE.

Mais pourquoi donc ce courroux ? (*bis.*)
Calmez-vous,
Je vous en conjure !

HECTOR.

Il ose rire de moi ;
Mais dans l'instant, sur ma foi,
Je vais lui donner, je jure...
Grand sournois, suborneur.

(*Nicaise passe à gauche.*)**

MARIANNE.

Maitrisez donc votre fureur !

HECTOR.

Croyez-vous qu'il m'abuse
Avec son air penaud ?

NICAISE, *regardant Marianne.*

Non, chez moi, pas de ruse.
Je ne suis qu'un nigaud...

MARIANNE, *à part.*

Chez lui, je dois comprendre
Un très-grand changement,
Et ce regard si tendre
Est celui d'un amant.

NICAISE, *à part.*

Quel dommage que j'aie besoin à la boutique !... Oh ! mais
je reviendrai... quand Marianne sera seule... (*Haut.*) Au revoir, mademoiselle Marianne.

MARIANNE, *à part.*

Il me dit : « Au revoir, » c'est la première fois.

NICAISE.

Au revoir.

* Hector, Marianne, Nicaise.
** Nicaise, Marianne, Hector.

MARIANNE, *à part.*

Comme il me regarde !.. C'est la première fois !

HECTOR, *à part.*

J'enrage !

NICAISE, *à part.*

Quel dommage que j'aie besoin à la boutique ! (*Il sort à droite, deuxième plan.*)*

SCÈNE VIII

HECTOR, MARIANNE.

HECTOR.

Enfin, il est parti... ne pensons plus à lui... je lui pardonne, puisque vous avez la bonté de vous intéresser à lui...

MARIANNE.

Pauvre, garçon !...

HECTOR.

Pourquoi « pauvre garçon ?... » Je suis si heureux !

MARIANNE.

Non ; je parlais de Nicaise.

HECTOR.

Nicaise ! encore Nicaise !... Si c'est un jeu, Marianne, je vous prie de ne pas le continuer.

MARIANNE.

Un jeu ?

HECTOR.

Oui, un jeu ; car si ce n'était pas par badinage, vous comprenez que, malgré toute mon attache pour vous...

MARIANNE.

Mais ne me menacez-vous point ?

HECTOR.

Je vous aime. Je serai obéissant à vos moindres volontés... je ferai tous vos caprices... mais quand il s'agit de l'honneur, voyez-vous, il n'y a rien qui tienne.

* Hector, Marianne, Nicaise.

MARIANNE.

Vous n'êtes point amusant, mon ami ! qu'est-ce donc que ce sera quand vous allez devenir mon mari?... (*Soupirant.*) Car... vous allez être mon mari...

HECTOR.

Comme vous dites cela !..

MARIANNE.

Faut-il pas que je danse avant les violons ?

HECTOR.

Non, mais...

MARIANNE.

Des reproches ! c'est pas Nicaise qui...

HECTOR, *furieux.*

Nicaise ! Ah ! c'est trop à la fin... * Epousez votre Nicaise... pour moi, je vais déclarer à votre père que je renonce à être son gendre.

MARIANNE, *tranquillement.*

Mon ami, je vous en prie, si vous voyez Nicaise, ne le tarabustez pas. (*Hector va pour parler, la colère l'étouffe. — Il rentre chez Mulot.*)

SCÈNE IX

MARIANNE, *puis* NICAISE.

MARIANNE.

Pourquoi donc se fâche-t-il ? Ma foi, s'il ne veut pas de moi, je ne le forcerai point.

NICAISE, *à part.*

Je ne peux pas travailler... je ne m'explique pas pourquoi... J'ai vu Hector monter chez le patron, et me voici, moi. (*A Marianne.*) C'est moi.

MARIANNE.

Ah! c'est vous !

NICAISE.

Oui, c'est moi... si c'est que je vous importune...

MARIANNE.

Oh ! non.

* Mariaune, Hector.

NICAISE.

Quant à moi, je suis content de me trouver avec vous...

MARIANNE, *avec douceur et satisfaction.*

Ha !

NICAISE.

Hector vous a laissée ?

MARIANNE.

Il est parti un peu en colère... à cause de vous.

NICAISE.

A cause de moi ?

MARIANNE.

Oui... il dit que vous m'en contez.

NICAISE.

Oh ! ça, c'est faux.

MARIANNE, *avec intention.*

Oh ! oui, c'est faux!..

NICAISE.

Pourtant, il n'y aurait là rien que de bien naturel que je fusse aimable avec vous.

MARIANNE, *à part.*

Quel changement !

NICAISE.

On n'a pas ses yeux dans sa poche, ni sa langue.

MARIANNE.

Et puis, il y a des aveugles qui recouvrent la vue.

NICAISE.

Et des muets qui finissent par parler.

MARIANNE, *à part.*

Comme sa voix est douce... et ses yeux, comme ils s'ouvrent !

NICAISE.

Et j'ai retrouvé la vue et la parole... et je vous dis, Marianne, que vous êtes jolie.

MARIANNE.

Bah !

NICAISE.

Que votre main est petite.

MARIANNE.

Oui dà ?

NICAISE.

Que vos yeux sont les plus beaux du monde.

MARIANNE.

Vraiment ?

NICAISE.

Que toute votre personne donne de l'amour.

MARIANNE.

De l'amour ?

NICAISE.

Qu'on serait heureux de vivre avec vous et pour vous !

DUO.

Air nouveau de M. BERNARDIN.

Changement,
Si charmant,
Que tu me remplis d'ivresse !
Aimons-nous,
C'est si doux,
C'es' si doux la tendresse !
Aimons-nous !

NICAISE.

Je t'ai fait de la peine,
Pardonne-moi.
Je sens mon âme pleine
D'amour pour toi.

MARIANNE.

Nous serons pour la vie
Bien amoureux.

NICAISE.

Quelle extase infinie
Pour tous les deux !

MARIANNE.

Sans tarder davantage,
Un doux baiser.

NICAISE, *effrayé.*

Un doux baiser ?

(Marianne tend la joue.)

Un baiser!

(Nicaise hésite et tourne derrière Marianne pour prendre la gauche.)[*]

MARIANNE.

Ce que je fais, est-ce sage?...
Il osera, je gage,
Me refuser!

REPRISE DE L'ENSEMBLE.

NICAISE.

Mais, hélas! qu'est-ce que je dis? qu'est-ce que je fais? Il est trop tard!

MARIANNE.

Trop tard?

NICAISE.

N'êtes-vous point promise à Hector?

MARIANNE.

N'est-ce que cela? Ne t'inquiète pas... Hector vient d'aller trouver mon père pour lui dire qu'il renonce à moi.

NICAISE.

Alors, je puis espérer... alors, il se pourrait que je devinsse votre époux!

MARIANNE.

Oui, Nicaise. Tantôt je préviendrai le bailli qu'il mette ton nom à la place de celui d'Hector sur les papiers.

NICAISE, *froidement et niaisement.*

Oh! quel bonheur!

MARIANNE, *s'approchant du gazon.*[**]

Viens nous asseoir là et causer.

NICAISE.

Bien volontiers.

MARIANNE, *à part.*

Enfin!

NICAISE, *ils vont pour s'asseoir.*

Mais... il n'y a point de siéges.

MARIANNE.

Qu'importe? Mettons-nous sur le gazon.

NICAISE.

Mais, c'est que le gazon est humide.

MARIANNE.

Eh bien?

[*] Nicaise, Marianne.
[**] Marianne, Nicaise.

NICAISE.

Cela gâtera votre robe.

MARIANNE.

Je me soucie bien de ma robe !

NICAISE.

Elle vaut trente-cinq sous l'aune !

MARIANNE.

Mon mari m'en donnera une autre, n'est-ce pas, mon petit mari ?

NICAISE.

Je vais chercher un tapis pour étendre sur l'herbette.

MARIANNE.

Y songes-tu, Nicaise ? Le temps presse... mon père va venir me prendre pour me mener chez le bailli... il faut avant que nous nous entendions... qu'on ne puisse pas me donner à un autre.

NICAISE.

Ah ! que vous me réjouissez le cœur avec ces paroles-là !... je vais courir.

MARIANNE.

Comment, courir ?

NICAISE.

Oui... le tapis.

MARIANNE.

Mais laissez donc votre tapis... Voulez-vous de moi pour votre femme ?... Me désirez-vous réellement ?

NICAISE.

Mais dans quelques minutes, je suis là... trente-cinq sous l'aune, songez donc...

MARIANNE.

Nicaise...

NICAISE, *lui envoyant des baisers.*

Tenez, Marianne, tenez... (*Il sort à droite.*)

SCÈNE X

MARIANNE, *appelant.*

Nicaise ! Nicaise !... Comment, c'est vrai ?... Il est parti !... Dans ce moment, il prend garde à mes habits !... Quand pour la première fois, il me parle d'amour, il songe au prix de l'aune de ma robe !... Quel imbécile !... C'est vrai qu'il est bête... oui, il est bête... et ridicule, donc !... Autant je le

trouvais gentil tout à l'heure, autant il me semble stupide à
présent. Ah! ce n'est pas Hector qui aurait pris le temps
d'aller chercher un tapis.

AIR : *Parmi tant d'amoureux*. (*Noces de Jeannette.*)

Je repoussais Colas, Mathurin, Jacque et Blaise,
        Tout à l'heure encor
        J'offensais Hector,
    Et tout mon amour était pour Nicaise.
        Je vois à présent
        Plus clair en mon âme,
    Et ma folle et coupable flamme
        S'en est vite envolée au vent!
        Ah! mon âme est pleine
        De confusion;
        Je trouve en ma peine,
        Ma punition !

Nicaise va revenir avec son tapis... il va être bien empressé,
bien amoureux... C'est drôle, je crois qu'à cette heure, cela
me causera du déplaisir. Mon Dieu! mon Dieu ! que je suis
malheureuse!... que je regrette d'avoir mal mené Hector...
je ne suis pas aimable pour lui... il m'aime!... Oh! oui, il
m'aime, car il est très-jaloux. C'est un beau garçon... Et puis
il est tendre... il est aimant... dans l'instant il me refuse à
mon papa... que je suis honteuse!...que je souffre!... Que va
t-il dire, mon papa? Si j'allais lui parler? Oui, devant lui, je
demanderai pardon à Hector... S'il me repousse, je sens que
je pleurerai bien..... J'aperçois Nicaise avec son tapis.....
Couche-toi sur ton tapis, grand nigaud, et attends-moi... sous
l'orme... (*Elle entre dans la maison à droite.*)

SCÈNE XI

NICAISE, *un tapis sous le bras.*

Ah! me voici... me voici... ma chère Marianne .. Tiens!...
Où est-elle?... C'est là que je l'ai laissée... elle aura trouvé le
temps long... Elle est si éprise de moi!... Moi aussi, je suis
épris d'elle... (*Il étend le tapis sur l'herbe.*) Je voudrais qu'elle
fût là tout de suite... voilà donc ce qu'on appelle être amoureux ! C'est se sentir frissonner à la vue d'une jolie fille
qu'on aime... Oh! alors, je suis bien amoureux, car j'éprouve
un je ne sais quoi que jamais je n'avais éprouvé... c'est y
drôle tout de même !... Mais comme Marianne tarde bien !...

Ah! je comprends... elle est allée chez le bailli... si j'allais la chercher... Ah! que je voudrais qu'elle fût là!... Allons à sa rencontre... (*Il sort à gauche.*)

SCÈNE XII

HECTOR, MARIANNE, *ils sortent de chez Mulot.*

HECTOR.

C'était donc pour me donner du tourment?

MARIANNE.

Non, Hector, je ne mentirai point; il me semblait que je n'avais pas d'amour pour vous, et je m'étais mis en tête que Nicaise devait m'aimer et que je devais l'aimer, moi... Je suis bien guérie, allez!...

HECTOR.

Que vous me comblez de joie, ma chère Marianne.

MARIANNE.

Mon cher Hector, mon cher mari!...

HECTOR.

Vous m'avez bien rendu malheureux... mais je vous pardonne puisque vous devenez bonne autant que belle.

MARIANNE.

Que vous êtes aimable, Hector!... Oh! vous ne songerez jamais à une autre femme, je vous promets, car je serai si attachée à vous, que je vous retiendrai toujours auprès de moi.

HECTOR, *l'attirant sur le gazon. Ils s'asseoient sur le tapis.*

Parle encore, Marianne, ma femme chérie.

MARIANNE.

Voulez-vous bien ne pas me regarder avec ces yeux-là !.....

DUO.

Même air qu'à la scène IX.

Changement,
Si charmant,
Que tu me remplis d'ivresse!
Aimons-nous,
C'est si doux,
C'est si doux la tendresse!
Aimons-nous!

MARIANNE.

Je t'ai fait de la peine,
    Pardonne-moi.

HECTOR.

Je sens mon âme pleine
    D'amour pour toi.

MARIANNE.

Nous serons pour la vie,
    Bien amoureux !

HECTOR.

Quelle extase infinie
    Pour tous les deux !
Sans tarder davantage,
    Un doux baiser !

MARIANNE.

Un doux baiser ?

HECTOR.

Un baiser !

MARIANNE.

De mon amour c'est un gage ;
Il ne serait pas sage
De refuser.

REPRISE DE L'ENSEMBLE.*

SCÈNE XIII

Les Mêmes, NICAISE.

NICAISE, *venant du deuxième plan gauche.*
Je ne l'ai pas trouvée..... j'aurais bien voulu pourtant.....
(*Voyant Marianne et Hector.*) Tiens... mais... Hector est là...
avec elle... quand c'est moi qui... Est-ce que j'ai la berlue ?...
Et c'est mon tapis... et c'est sur mon tapis... rendez-moi
mon tapis... Vous faites erreur, mademoiselle Marianne ;
vous savez bien que c'est moi qui... que c'est moi que...

MARIANNE, *se levant et allant auprès de Nicaise.*

J'aime votre santé, Nicaise, (1)
    Et vous conseille auparavant,
    De reprendre un peu votre vent.

* Marianne, Hector.

____

(1) Ces vers sont extraits du conte de La Fontaine : *Nicaise.*

Or, respirez tout à votre aise,
Vous êtes apprenti marchand,
Faites-vous apprenti galant.

(Elle lui fait une révérence, et retourne vers Hector, à gauche.)

NICAISE.

Très-bien... Je vais à la boutique... Mais mon tapis, rendez-moi mon tapis.

AIR : *Tu n'es pas Arlequin.*

HECTOR.

Mais de nous tu te ris,
Que parles-tu de tapis?

MARIANNE.

Oui, de nous tu te ris,
Laisse-nous, rentre au logis.

NICAISE.

Je veux, je veux mon tapis,
Où tous deux êtes assis.
Je veux mon tapis,
Rendez-moi donc mon tapis.

ENSEMBLE.

HECTOR *et* MARIANNE.

Voulez-vous un bon avis? }
Retournez vite au logis. } *(bis.)*

NICAISE.

Eh! quoi, je vais au logis }
Retourner sans mon tapis! } *(bis.)*

(Nicaise cherche un moyen d'avoir son tapis, qu'il ne quittait pas des yeux. Il met la main dessus, mais Hector le retient par un bout, et tous les deux se disputent le tapis. A la fin, Hector lâchant prise, Nicaise tombe et va rouler devant la boutique. Hector revient près de Marianne et la fait asseoir à côté de lui sur le gazon.)

Paris. — Typ. Morris et Comp., rue Amelot, 64.